G000089376

This belongs to:

____

____